AF249714

DISCOURS

prononcé le 28 octobre 1862

PAR

Monsieur l'Abbé C. M****

pour le mariage

de Mademoiselle Caroline PATTEY avec Monsieur Paul PICHAT.

(ÉGLISE D'AINAY).

1863

Monsieur,

Mademoiselle,

L'incrédule ou l'indifférent ne voient dans l'acte qui va s'accomplir qu'une cérémonie vide de sens, qu'une part accordée à l'opinion, au préjugé. Pour eux, l'accord des parties, le contrat civil est tout dans le mariage. Mais quel n'est pas mon bonheur en songeant que ces sentiments impies ne sont pas vos sentiments ! Puis, la pensée des grâces et des bénédictions dont je vais être pour vous le dispensateur, les présages si fondés de votre avenir heureux ; au milieu de tant d'autres souvenirs qui m'assiégent en ce moment, le souvenir plus récent et plus doux de ce qui se passait hier, entre nous, sur la sainte montagne , sous le regard maternel de Marie, jettent dans mon cœur de prêtre , de parent et d'ami, des émotions que je chercherais en vain à dissimuler. J'essaierai cependant de les surmonter un peu , pour vous faire entrevoir un instant l'éclat et la grandeur du mariage chrétien, et, comme vous l'attendez de mon ministère, vous dire deux mots des obligations qu'il impose.

Vous connaissez la céleste origine du mariage. C'était sous les ombrages fortunés de l'Eden, dans ce jardin délicieux et fraîchement planté des mains du Créateur. Après s'être un instant contemplé à travers tant de merveilles qui reflètent si bien sa puissance et sa bonté , l'Eternel jette un nouveau regard de tendresse sur la plus parfaite de toutes ses créatures , sur l'homme qu'Il vient de couronner de gloire et d'honneur : *gloria et honore*..... Son amour infini veut encore l'enrichir d'un don nouveau , le plus précieux de tous : Il n'est pas bon, dit-Il , que l'homme soit seul ; et, sortant alors de son mystérieux repos, Il crée la première femme qu'Il conduit à Adam. Celui-ci , déjà tout enivré de son bonheur, comprend à sa vue la possibilité d'un bonheur plus grand encore. Pour la première fois il sent son âme frissonner à la crainte de son isolement, et son cœur, et son être tout entier laisse échapper ce cri de la nature et de l'amour : « Voilà l'os de mes os, voilà la chair de ma chair, » et Dieu cimente leurs doux liens en les bénissant avec une amoureuse tendresse ; *et benedixit !...*

Mais admirez ici le principe de ces liens, comment ils se formèrent, et le mariage vous apparaîtra tout brillant déjà d'une divine splendeur.

A la vue de ces deux êtres, créés l'un pour l'autre, Dieu pouvait bien se complaire dans son œuvre. Il les avait modelés sur Lui-même. Un rayonnement de sa force et de son intelligence brillait sur le front de l'homme, un rayonnement de sa tendresse et de sa bonté remplissait le cœur de la femme, d'où s'exhalait comme un parfum des cieux qui attirait Adam, pendant que sa compagne à son tour était entraînée vers lui par l'éclat pur, mais adouci, de la Divinité qu'il portait imprimé sur sa face ; et, c'est cet attrait tout céleste, cette vue de Dieu de l'un dans l'autre, qui enfanta chez eux l'amour, le lien indissoluble de leur union ; image sublime de ce qui se passe au sein de la Trinité même, où Dieu le Père et son Verbe contemplant éternellement les infinies perfections de leur mutuelle et divine essence, produisent le Saint-Esprit, qui n'est pas autre que l'amour incréé, le lien substantiel du Père et du Fils.

Que de grandeur! mais aussi quelle leçon profonde!

L'amour est la félicité de l'Infini, et deux époux ne participeront de cette félicité qu'en participant de cet amour. Or, s'il n'a pas le même principe que l'amour qui unit les trois Personnes divines, s'il n'a pas sa source dans ces perfections de l'âme, qui sont un reflet des perfections de Dieu, il n'est pas véritable, il ne sera pas constant. Le temps qui change tout, la découverte de défauts réciproques, inaperçus d'abord, le fera disparaître bientôt. Toutefois, que le ciel soit béni de ne nous laisser, pour vous, aucune crainte à cet égard!...

Admirable et divin dans son origine et son principe, le mariage l'est aussi dans son but et sa fin.

Vous êtes-vous jamais demandé pourquoi Dieu créait, non point en une seule fois simultanément, mais successivement et par plusieurs actes continus, les êtres qui après avoir peuplé cette terre doivent devenir les habitants des cieux?

Ah! c'est encore par une preuve de son amour infini pour l'homme : outre les opérations intérieures de sa Trinité, Il venait d'opérer à l'extérieur en faisant surgir le monde du néant ; et pour que la ressemblance de l'homme avec Lui fût plus parfaite, Il l'aima jusqu'à l'associer à cette puissance créatrice. C'est dans ce but qu'Il institua le rit sacré du mariage. — Il voulait, dit un saint Père, réparer les brèches que le temps devait faire à l'ouvrage de ses mains. Il voulait renouveler la vie de l'homme, vie éphémère, dont le cours meurt dans la tombe pour renaître au berceau ; donner aux époux le moyen, en se perpétuant ici-bas par une génération sainte, de prolonger jusqu'à la fin des temps l'hymne de reconnaissance, que seule la créature intelligente et libre pouvait dignement entonner à la gloire du Créateur.

O nobles fins du mariage, destinées sublimes des époux, mystérieuses profondeurs de l'union que Dieu bénit !...

Mais cette fin fut bientôt oubliée par l'homme prévaricateur. — Il ferma les yeux sur sa noble destinée, il ne voulut plus de la bénédiction du Seigneur pour cimenter le nœud de son mariage, et le nœud se rompit. L'amour n'eut plus pour principe la ressemblance et la volonté divines, et avec lui disparut la félicité des époux. Le mariage ne fut plus qu'une tyrannie brutale de l'homme, un asservissement lamentable et dégradant de la femme. Aussi, que de désolations, que de ruines ! Oublieuse de sa loi, dans l'acte même qui devait lui donner la vie, la société courait à la mort...

J.-C. toutefois, l'Homme-Dieu, revêtu de uos misères, voulant l'arrêter sur sa pente fatale et la reconduire vers les célestes régions, vint resserrer les liens du mariage pour les rendre à jamais indissolubles. Dès le début de sa carrière Il se hâta vers cette grande œuvre de régénération. Sa première démarche publique fut son assistance aux noces de Cana qu'Il bénit lui-même, qu'Il consacra par son premier miracle. — (On n'a jamais pu lui contester la gloire d'avoir réhabilité, purifié le mariage, de l'avoir réintégré dans sa dignité primitive).

Que vous devez donc aimer J.-C. ! vous, Epoux, car c'est lui qui vous a donné de goûter les jouissances intimes de la famille; vous, Epouse surtout, car Il a par sa grâce dilaté votre cœur pour qu'il pût à lui seul contenir le cœur de votre époux ; Il a replacé sur votre front votre belle couronne et vous a fait asseoir, non plus en esclave, mais en reine au foyer domestique.

Mais Il ne s'est point contenté de rétablir l'amour de l'homme et de la femme sur ses bases primitives. Il en a fait un sacrement, c'est-à-dire un de ces canaux divins, par où descend du sein

de Dieu jusqu'à nous la grâce, émanation mysté-
rieuse de la divinité même , et qui , semblable
aux eaux jaillissantes voulant atteindre toujours
la hauteur de leur source , pénètre dans les profondeurs de notre âme, pour l'entraîner et la faire
remonter avec elle dans le sein de Dieu.

En relevant le mariage des fanges du paga-
nisme, pour le purifier de son sang, le Sauveur
des hommes lui donne également une fin plus
noble, celle de perpétuer son Eglise.

Jeunes Epoux, vous venez de franchir la marche
du sanctuaire ; avec nous , en ce moment , vous
êtes au pied même de l'autel. Sans doute, vous n'y
pourrez monter, avec nous, pour immoler l'au-
guste Victime, offrir l'acte premier du Sacerdoce;
mais vous allez être initiés cependant au royal
Sacerdoce de J.-C. Vous allez recevoir une mission sainte , contracter des engagements sacrés.
Sur la vie terrestre de chacun d'entre vous, vie
malheureuse et périssable , J.-C. est venu greffer
une vie surnaturelle et divine : la vie de la foi.
Elle seule peut enfanter dans nos esprits les jouissances intimes causées par la possession du vrai
absolu , dont la splendeur, source unique, a-t-on
dit, de la beauté véritable, captivant notre être
tout entier , fournit un aliment aussi doux que
satisfaisant , à cet immense désir d'aimer que

nous portons tous dans notre cœur. La famille, aussi bien que l'individu, puise en elle son bonheur et sa gloire ; quand elle n'animera plus la société, celle-ci se replongera bientôt dans ce chaos épouvantable, d'où le Rédempteur l'avait retirée.

Et c'est aux parents chrétiens, de concours avec le prêtre, que J.-C. confia le soin d'entretenir dans le monde cette existence sublime de la société chrétienne, sur qui reposent les destinées humaines.

En échange des bénédictions qui vont tomber du ciel sur vos cœurs, vous ferez donc monter, de vos cœurs vers le ciel, de généreuses promesses. Puis, si Dieu rend votre union féconde, dans ces jeunes enfants, qui croîtront autour de vous, selon le langage de l'Ecriture, comme les tendres rejetons de l'olivier autour de leur tronc, vous inoculerez de plus en plus la sève vivifiante de la foi. Sous son influence, et pour votre bonheur, leur âme sans cesse renouvelée, sans cesse rajeunie, se couvrira des pures et riantes productions de la vertu, en attendant son complet épanouissement dans le paradis des éternelles délices !.....

Voilà une idée de la hauteur surnaturelle et sociale à laquelle doit monter dans votre pensée l'acte divin qui forme pour vous l'ère d'une nouvelle existence et la source de nouveaux devoirs. Il participe à toutes les splendeurs du temps et de l'éternité. Outre ses rapports de ressemblance avec les opérations intérieures de la Trinité, il a pour fin direct de concourir à la réalisation des deux grandes œuvres du temps : la Création et la Rédemption. Parti de Dieu , il doit tout reconduire à Dieu. Dieu étant son principe et sa fin , ce n'est qu'en tant qu'Il présidera continuellement notre union, qu'Il la bénira, que nous pourrons y trouver le bonheur, le repos et la paix.

Les obligations communes aux deux époux que ce grand sacrement impose, peuvent se résumer en ces mots de l'Apôtre : Epoux, aimez-vous l'un l'autre comme J.-C. a aimé son Eglise ; car, vous le savez, le signe , le symbole de ce sacrement est l'union même de J.-C. avec son Eglise. Aimez-vous l'un l'autre ; tout est là : obligation assurément bien facile pour deux cœurs que le bon Dieu a si providentiellement unis. Mais aimez-vous comme J.-C. a aimé son Eglise , c'est la condition de votre bonheur. — Amour tendre et profond , J.-C. fut tout pour son Eglise, Elle fut tout pour Lui. — Amour chaste, c'était l'amour d'un Dieu. — Amour généreux et persévérant , Il l'a aimée jusqu'à donner son sang pour elle...

Et qu'est-il besoin maintenant de m'arrêter aux

obligations particulières à chacun d'entre vous ,
qui découlent de ces obligations générales. La loi
de l'époux doit être le dévouement. Dieu l'a créé
pour qu'il soit l'ami, le guide, le défenseur de sa
compagne. Nous le savons , Monsieur, vous êtes
digne de cette belle mission. Nous en avons la
garantie dans ces belles qualités que nous avons
pu découvrir en vous, et dans ces principes que
vous avez puisés dans votre famille , où depuis
longtemps ils sont héréditaires ; principes non-
seulement de délicatesse et d'honneur , mais de
conscience et de foi chrétienne. Oh ! Monsieur,
qu'il est précieux , qu'il nous est cher le trésor que
nous venons confier à votre garde, à votre amour.
La religion vous donne une compagne dont les
vertus douces et modestes ont fait jusqu'à ce
jour le bonheur de sa famille. Elle n'a vécu que
pour pleurer la perte cruelle d'un père trop aimé
et pour adoucir les larmes d'une mère inconso-
lable dans sa douleur. Aussi son cœur s'est-il ouvert bien jeune encore à cette compatissante tendresse qui fait le charme de son sexe , en même
temps qu'il a pu puiser la générosité qui en fait
l'ornement et la gloire, à l'école d'un frère dont
le dévouement poussé jusqu'au sacrifice, mais au
sacrifice le plus absolu , peut être apprécié de
Dieu seul.

Oui, Monsieur, laissez-moi vous le dire, c'est une fleur qui s'est épanouie dans le silence et les larmes pour embaumer votre existence. C'est un diamant travaillé par la prière et le sacrifice. Sa possession, sa présence nous rendaient riches, heureux, et c'est en vos mains que nous venons le déposer en répétant ces paroles de l'Apôtre : *Depositum custodi*. Oh ! sans doute, vous la conserverez toujours pure, toujours belle de cette beauté intérieure que les années ne flétrissent point, pour qu'elle soit toujours votre digne compagne, toujours le digne objet de nos affections dans le temps, dans l'éternité...

Et vous, Mademoiselle, nous en avons la douce confiance, vous saurez accomplir votre mission, vos devoirs. Je ne vous les rappellerai pas. Celles qui ont entouré de tant de soins votre enfance vous les ont fait connaître. C'est à votre époux que vous allez consacrer les qualités précieuses qu'elles ont si noblement développées en vous. Vous lui appartiendrez tout entière. S'il est votre soutien, l'appui de votre faiblesse dans les pénibles chemins de la vie, vous serez vous-même pour lui l'ange qui le conduira dans les étroits sentiers du ciel. Votre cœur sera le lieu de repos où il pourra venir à chaque instant se délasser des luttes et des fatigues de la journée. Vos larmes seront le baume qui cicatrisera ses plaies. Ses chagrins seront vos chagrins. Et si, par bonté pour vous, il voulait porter à lui seul le fardeau de la tristesse et des ennuis, (car que ne peut-on pas attendre de son grand cœur!) vous sauriez le prévenir et lui montrer que votre cœur est encore assez grand pour partager aussi ses douleurs et ses larmes!...

Pourquoi des larmes? pourquoi parler de souffrances en ce jour d'espérance, où tout ne parle qu'ivresse et bonheur? C'est mon profond intérêt pour vous, chers Epoux, qui m'y pousse. J'ai voulu vous le dire en ce moment solennel, afin que vous ne l'oubliiez jamais. La souffrance est la part de tous; elle sera la vôtre. Mais elle est une semence de joie... Vous vous rappelez cette soirée où vos deux cœurs furent brisés par la crainte d'une séparation cruelle. Jamais votre douleur n'avait été plus grande, mais aussi jamais le soleil ne se leva plus radieux que le lendemain sur votre double existence. Vous vous en souvenez, vous m'avez dit que vous ne pourriez plus l'oublier. Oh! non, ne l'oubliez pas! La douleur enfante la joie; elle est le perfectionnement de l'amour, comme aussi le chemin du ciel... Deux courants traversent la vie: l'un, de joie, qui trop souvent nous éloigne de la patrie; l'autre, de douleur, qui nous ramène au port du salut. Mais puissent du moins vos âmes n'être ainsi traversées que par le seul flot d'amertume qui sera nécessaire pour les entraîner dans l'océan des joies éternelles !

Maintenant donc, que vos pensées quittent la terre , qu'elles s'élèvent jusqu'au plus haut des cieux ! Le moment solennel est venu ; le ciel est ouvert , les anges vont être témoins de vos engagements sacrés ; le souffle de l'Esprit-Saint va venir réunir vos deux cœurs et les fondre en un seul. Le sang de J.-C. va communiquer une nouvelle beauté, une nouvelle force à vos âmes. Que de vos poitrines s'échappe en ce moment un cri d'amour pour ce Dieu qui va vous bénir! Et nous, parents, amis , réunissons-nous tous dans un saint recueillement, dans une commune prière , pour que le Ciel déverse sur ces jeunes époux, qui nous sont chers , la plénitude de la grâce, qui est le seul principe du véritable bonheur ici-bas , et de l'infinie félicité du ciel.

Ainsi soit-il.

9 782014 079470